Carta en una botella

SOS en Sos. Ese O Ese en Sos)

María Jesús Varela Castillo

ISBN: 978-84-9848-037-5
Depósito Legal: M-12390-2008
Impreso en España
Printed in Spain

Coordinación colección:
Pedro Tena Tena

Ilustraciones:
Olga Carmona

Diseño y maquetación:
Lola García
Juanjo López

Impresión:
Gráficas Glodami. Coslada (Madrid)

Editorial Edinumen
José Celestino Mutis, 4. 28028 - Madrid
Teléfono: 91 308 51 42
Fax: 91 319 93 09
e-mail: edinumen@edinumen.es
www.edinumen.es

Carta en una botella

Este libro es de...

Nombre ....

Apellido(s) ....

Dirección ....

....

País ....

Edi numen

Índice:

María Jesús Varela Castillo
La Redonda, 50
Mugardos, A Coruña (España)
edinumen@edinumen.es

25 de julio de 2007

Estimados amigos:

El relato que ahora van a leer es verdadero. No es una broma. Tampoco es una mentira. La historia que tienen en sus manos fue escrita en forma de carta por un niño, la metió en una botella y la tiró al mar. Yo la encontré en la playa de Mugardos. Después de varios años he decidido publicarla. Antes no quería hacerlo, pues pensaba que todo lo que allí se escribía era falso, que todo era una maravillosa fantasía. ¡No tenía escrito el nombre ni la dirección de destinatario ni de remitente alguno! Ahora, tras descubrir que las personas que aparecen en las siguientes páginas sí son reales, he creído conveniente dar a conocer aquella carta que tanto me impresionó y que aún me causa admiración leer. Por desgracia, en estos momentos no sé dónde están los protagonistas de esta historia. He intentado varias veces localizarles, pero nadie ha sabido ayudarme. Una verdadera lástima. Si ustedes, jóvenes lectores, conocen en qué lugar viven o si los ven visitando alguna ciudad, mándenme un correo electrónico. Me gustaría tanto hablar con ellos, saber qué hacen,… ¿Quieren ayudarme?

…Y ahora les reproduzco aquella carta que hallé dentro de una botella. Espero que les guste tanto como a mí.

Un saludo, y no olviden escribirme,

Susa.

(Postdata: Mi nombre es María Jesús, pero mis amigos me llaman Susa)

Actividades:
antes de la lectura

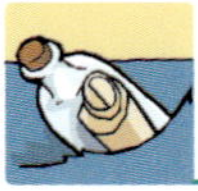

¡Hola! Soy **Martín**. Martín de Ampiés. Soy el niño que va a contar esta historia. ¡Una aventura misteriosa! Vais a conocer cómo mi amigo **Bernardo** y yo quisimos descubrir la solución a un horrible problema que tuvieron las personas mayores de nuestro pueblo. **Animales que hablaban, magia, palabras que nadie comprendía, palacios antiguos,…** ¡Qué miedo pasamos! Tú también puedes ser nuestro amigo e imaginar cuál fue la salida a este enigma.

1. Los acontecimientos de las siguientes páginas sucedieron en **Sos del Rey Católico**. Sos es una localidad en la provincia de Zaragoza, en España. Es un pueblo muy bonito y muy pequeño. Es tan pequeño, tan pequeño, que muchos mapas no señalan dónde está. ¡Si hasta su nombre es cortísimo! En esta imagen sí vemos Sos. También hay otros puntos. ¿Sabes cómo se llaman las otras ciudades? Para tu información, todas son capitales de país.

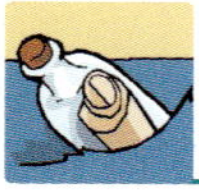

2. En esta historia las palabras son muy importantes. Sus personajes tuvieron muchas **dificultades para hablar y escribir bien**. ¿Y tú? ¿Sabes hablar y escribir bien español? En estas líneas tenemos un texto muy especial. ¿Puedes separar las palabras de forma correcta?

Estahistoriaesmágica.Eselrelatodeunaa
venturaextrañaeincreíblequeocurrióhac
eañosenunpueblo.Fueunacontecimient
ollenodefantasíaeilusión,...perotambié
ndemiedo.Miedoynerviosismoparatodo
sloshabitantesdelpueblo.

3. Ahora te invito a hacer otra actividad. Las personas mayores de esta aventura vivieron **momentos complicados con el orden de las palabras**. Las niñas y los niños, no. Tampoco Julio Cortázar, el maestro del pueblo, que era muy listo. ¿Y tú? ¿Sabes un orden correcto en este texto?

Julio Cortázar era buena una persona. Era alto, alto muy. Era grande, grande muy. En ese tiempo llevaba barba, bigote y gafas. viejo Era y no era viejo. explico Me. Él muchos tenía años. mayor Él era que padre mi, ¡y mi padre era mayor muy!; pero Julio parecía joven una persona.

Julio Cortázar era una buena ....

....

....

....

....

4. Y por último, antes de comenzar la lectura, un ejercicio difícil. ¿Te imaginas los libros con esta presentación de palabras? ¿Qué está escrito? Como ayuda, te informo de que todas las palabras tienen relación con el mundo de la ropa.

blusa bufanda calcetín

camiseta cazadora abrigo

pijama calzoncillo camisa

pantalón pañuelo paraguas

gorra guante jersey

cinturón corbata falda

zapato chaleco chaqueta

sandalia sombrero vestido

Capítulo primero:
El pueblo de Martín

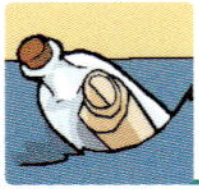

Estimado ....[1]:

....

....

........................[2] **esta historia es mágica**. Es el relato de una **aventura extraña e increíble** que ocurrió hace años. Fue un acontecimiento lleno de **fantasía** e **ilusión**, pero también de **miedo** y **nerviosismo** para todos nosotros, para todos los habitantes de mi pueblo. Fue un suceso raro. Las personas mayores vivieron una **pesadilla** con las palabras.

---

1. Información de Susa: cuando encontré la carta, el nombre del destinatario estaba medio borrado. Un poco de agua de mar había entrado en la botella y había diluido la tinta líquida de esa parte del papel.

2. Información de Susa: no es posible saber qué dicen las tres primeras líneas del texto, a causa también de la acción del agua de mar. Una pena.

Los ad lt s emp z r n a ten r pr bl m s c ando se comun c ban entr sí. ¡Olvidab n las l tr s dur nte m ch s segund s![3]

¡Oh! ¡Perdón! Me voy a presentar primero. **Mi nombre es Martín**. **Martín de Ampiés**. Yo soy de Sos del Rey Católico, una localidad en la provincia de Zaragoza, en España. Sos es un lugar pequeño y muy antiguo. Es tan pequeño

3. Información de Susa: algunas letras han desaparecido. ¿Saben qué se escribió? La solución, al final del capítulo.

que no tiene punto negro en muchos mapas para saber dónde está. Sus calles son viejas, más viejas que todos los abuelos de mi pueblo juntos. Sos también es un sitio muy bonito, porque todavía una persona puede ver edificios antiguos, pero muy bien conservados. Es fantástico, pero ya no vivo allí.

Mi historia comenzó hace años, más o menos. Hace años, no me acuerdo bien cuándo, un vendedor de computadoras fue a la escuela con **un ordenador**. Y lo dejó allí, como un regalo. Era una máquina maravillosa. Sabía mucho: sumar, restar, multiplicar, dividir,… Nos ayudaba para todo. Y a todos. Las personas mayores, y en especial los padres, estaban muy contentas con ella. **… Pero con la máquina llegaron malas noticias y problemas**: esos hombres y mujeres mayores y responsables decidieron despedir a nuestro maestro. Ellos no querían ya a nuestro profesor. A **Julio Cortázar**. **Ellos llegaron a pensar que si la máquina era tan lista, podría ser nuestro único profesor**.

—¡Los libros no son útiles! —apuntaban unos.

—Tenemos que ser modernos. El futuro es la tecnología. El porvenir no está en los libros, está en las máquinas —decían otros aquí.

—**¡Ojalá haya infinitas máquinas para todo!** —indicaban éstos.

—¡Los ordenadores harán todo el trabajo! —pensaban ésos.

—¡Nuestros hijos tendrán más tiempo libre para jugar! —señalaban aquéllos.

A nosotros no nos gustó esa decisión. Las personas mayores no estuvieron de acuerdo con nosotros. ¿Por qué? ¿Por qué a menudo ocurre esto? **¿Por qué los adultos no piensan más en los niños para resolver problemas? No creo que sean malos; quizás sean un poco egoístas** y sólo quieren escucharse a sí mismos. **¿Los niños seremos iguales que ellos cuando tengamos más años?**

RESPUESTA DEL MENSAJE MISTERIOSO

Los adultos empezaron a tener problemas cuando se comunicaban entre sí. ¡Olvidaban las letras durante muchos segundos!

Capítulo segundo:

El profesor Julio Cortázar

Julio **Cortázar** era una buena persona. Él había nacido en un país extranjero. Y era alto, muy alto. Y era grande, muy grande. En ese tiempo llevaba barba, bigote y gafas. Y era viejo y no era viejo. Me explico. Él tenía muchos años. Él era mayor que mi padre, ¡y mi padre era muy mayor!; pero Julio parecía una persona joven. Era increíble. **Es posible que fuera un mago**.

ARGENTINA

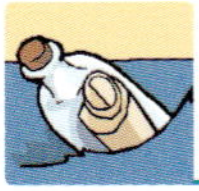

Nuestras clases eran muy divertidas. El colegio no era aburrido para mí. Me gustaba mucho estar con Julio. **Le encantaba que jugáramos con las palabras**. Y a todos nosotros también; en especial, a mí y a **Bernardo**, **Bernardo de Breidenbach**, un chico alemán que vivía en Sos. Las actividades eran muy interesantes.

—¡A ver, a ver,...! Díganme, por favor, palabras que comienzan con la misma letra. Por ejemplo,... con **C** —decía Julio.

—**C**ama, **c**asa, **c**ocina,... —contestaba Aureliano, el chico más listo de la clase.

—Y ahora... nombren palabras que empiezan con la misma sílaba. Por ejemplo,... con **BO** —decía Julio.

—**Bo**la, **bo**li, **bo**tella,... —respondía Aureliano, otra vez.

—Y ahora jugaremos al «**Si fuera...**».

¡Vamos, Jesús! **Si fuera ...** —proponía Julio.

—Si fuera un color, sería el **rojo**. **Si fuera** un planeta, sería Júpiter. **Si fuera** un animal, sería un tigre —contestaba Jesús.

Y entonces todos nos echábamos a reír, porque nuestro compañero era muy pálido, era muy pequeño, y Júpiter es un planeta enorme; además, **Jesús era un poco gallina**, pues tenía miedo por todo.

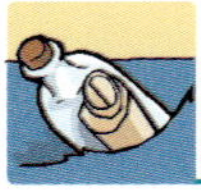

Julio también era un impresor en Sos. Trabajaba por el día con nosotros y editaba libros por la noche. Yo no creo que durmiese. ¿Cuándo dormía? No sé. A veces, pensaba que también era un mago con el tiempo. Todo era mágico en él.

Cuando Julio supo la noticia, la mala noticia de su salida del pueblo, sintió una enorme tristeza. Y pensó que sería mejor volver a su país. Ese día el cielo se puso negro, muy negro, y llovió durante cuarenta días y cuarenta noches.

Después de la gran lluvia, Julio anunció que quería despedirse de todos con una gran fiesta. Ninguno de los niños deseaba que se marchara. ¿Qué pasaría con nosotros? No creo que fuéramos muy felices, pensaba yo en aquel momento.

Capítulo tercero:

La sopa de letras

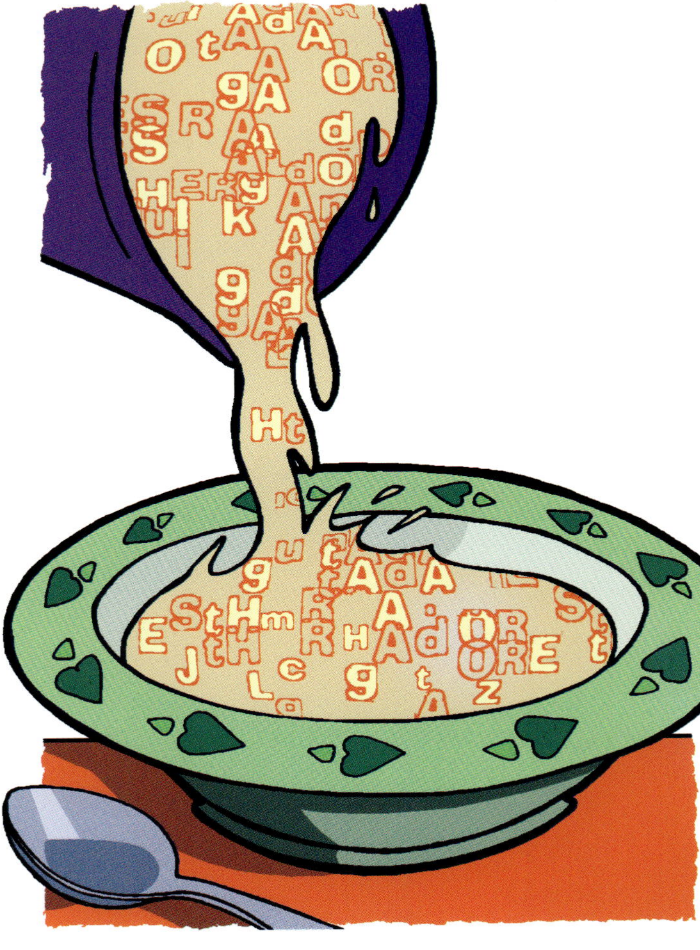

Aquella noche del 21 de junio, cumpleaños de mi amigo José Manuel, encontramos a Julio muy extraño. Caminaba solo por la calle. **Fuimos detrás de él hasta su casa, deseando que no nos viese**. Allí, desde una ventana, mirábamos qué hacia. Su habitación tenía muchas botellas y muchas máquinas. **Él estaba muy nervioso**, caminando de **izquierda a derecha**,

de **derecha a izquierda**.

—**Quizás esté preparando una comida** especial para la fiesta. **No creo que haga algo extraño y malo**, ¿verdad? —dijo Bernardo.

Estuvimos esperando durante una media hora en silencio. En silencio. En un silencio total.

....

....

....

....

....

....

....

....

....

....

....

....

En esos momentos Julio dio un poco de sopa a un par de cerdos, que se llamaban Ael y Jac. Esperó unos minutos, pero no ocurrió nada. Luego ofreció otro poco a dos ratones, llamados Domin y Cía. Aguardó sesenta segundos, y tampoco sucedió nada. Y continuó trabajando en aquella extraña tarea.

—¡Ya está! **¡La sopa ya está lista!** ¡Bien! ¡Muy bien!... Y ahora la definitiva comprobación —dijo Julio.

Entonces ofreció una cucharada de sopa a una gallina llamada Raya. ¡Fue maravilloso! **¡Aquella gallina comenzó a hablar!** Hablaba a Julio. Hablaba de una forma extraña, pero hablaba y hablaba y hablaba y...

—...Rápidamente la multiplicar aprendiendo de tabla estamos, dotadas muy Literatura para la estamos de la historia ... —dijo el animal confundiendo las palabras, mezclando todo.

¿Qué le dio Julio? ¿Qué clase de sopa era aquélla? ¿Qué decía aquella gallina?[4] ¿Por qué hablaba así? La situación era muy rara y nos fuimos con un poco de miedo. Otra razón para irnos era que tanto Bernardo como yo no deseábamos que nos descubriese.

—¡Adiós, Martín! ¡Hasta mañana!

El día siguiente se despertó con mucho sol. La lluvia ya sólo era un recuerdo. Todo estaba preparado para la fiesta, nuestra última celebración con Julio. La gente bailaba y

4. Información de Susa: la solución, al final del capítulo.

cantaba en la plaza del pueblo. Luego fuimos todos al campo. Allí Julio nos esperaba con un banquete. Las mesas estaban llenas de platos de sopa. ¡Sopa para Sos! En las sopas había muy pequeñas letras. Mayúsculas y minúsculas. A, B, C, D, E, F, G, H, I, J, K, L, M, N, Ñ, O, P, Q, R, S, T, U, V, W, X, Y, Z, las mayúsculas. a, b, c, d, e, f, g, h, i, j, k, l, m, n, ñ, o, p, q, r, s, t, u, v, w, x, y, z, las minúsculas.

Todos comimos muy bien. Estábamos muy contentos y un poco tristes. Mis amigos y mis amigas de clase **preferíamos que no se fuese**, pero los mayores no nos querían escuchar. Julio estaba muy triste y un poco contento. **Al final, por la tarde, despedimos a Julio**.

—¡Adiós, Julio! ¡Adiós!

Y Julio se fue.

RESPUESTA DEL MENSAJE MISTERIOSO

... Rápidamente estamos aprendiendo la tabla de multiplicar, estamos muy dotadas para la historia de la Literatura ...

Capítulo cuarto:

Ese O Ese en Sos

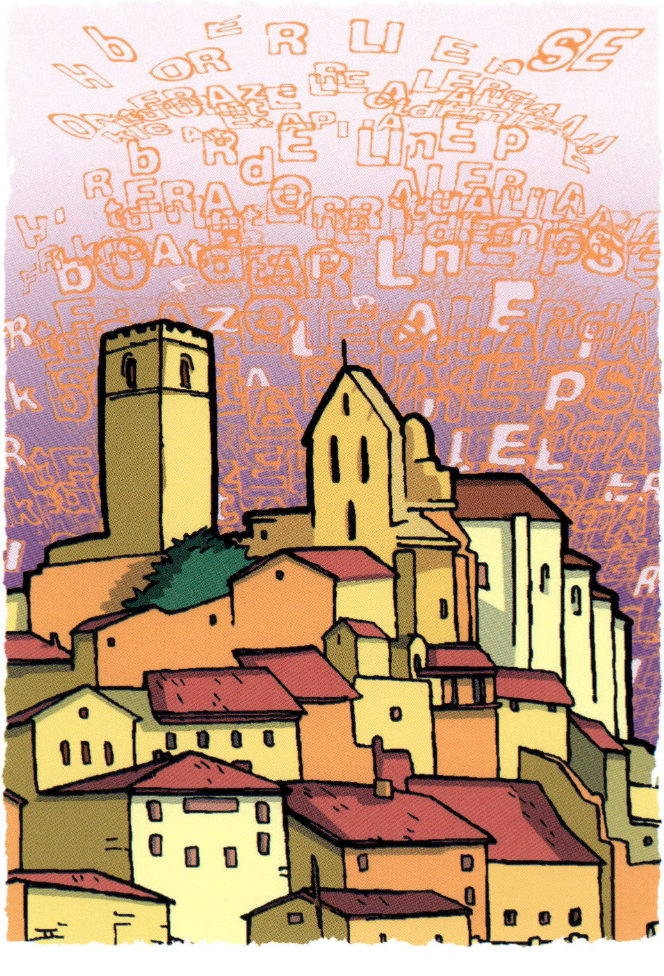

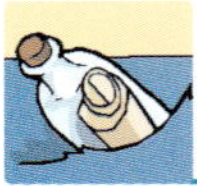

Después de la fiesta comenzaron los problemas. De forma increíble y misteriosa, la gente mayor empezó a mezclar palabras. La gente no entendía a la gente. Los niños, en cambio, no teníamos ese problema.

—**¡Días buenos!** —decía una señora que deseaba comprar en el supermercado.

—**Entiendo no. ¿Dice qué?** —preguntaba la vendedora de la tienda.

—Sí, por favor, **quiero un cuaderno de chocolate, dos bolígrafos de cien hojas, un pastel de color azul, una goma de ejercicios y un libro de borrar**.

—**¡Sé no! Yo no sé qué dice usted** —decía la tendera.

—Yo comprendo no tampoco. Problemas

tenemos. Tenemos importantes muy problemas —se despedía la cliente.[5]

El señor alcalde, una persona con bigotes enormes y blancos, decidió tranquilizar a los habitantes de Sos, y quiso escribir una carta a todos. Y cuando empezó, también él descubrió que sufría la misma misteriosa enfermedad:

«Queridosvecinosyvecinas:Escriboestaca rtaparadecirosquenohayproblemas.Todo estábajocontrol.Nohayproblemas.».[6]

Horrible. Ellos hablaban como las gallinas. ¡Eran gallinas! Nadie comprendía. Sos tenía un problema. La gente no sabía qué hacer y nosotros, las niñas y los niños, tampoco. ¿Por

5. Información de Susa: la correcta escritura está al final de este capítulo, pero primero les invito a conocerla a ustedes mismos.

6. Información de Susa: ¿quieren saber qué dice la carta? ¡No miren la solución que está al final del capítulo! No es difícil.

qué? ¿Por qué? ¿Dónde estaba la solución? La máquina que trajeron a la escuela tampoco daba respuestas correctas. La computadora, nuestro profesor artificial, no sabía qué hacer. ¡Y tenía problemas también! ¡No se podían escribir correos electrónicos!

«S y el alc lde de S s. Necesit mos ay da. Un doct r. Neces it m s un méd o.».

Un desastre total. ¿Y si pidiéramos ayuda? —pensábamos todos los niños.[7]

—¡Ayuda para Sos! ¡SOS para Sos! ¡SOS! ¡SOS! ¡SOS! ¡Ese O Ese! ¡Ese O Ese! ¡Ayuuuuuuuuuuuuuuuuuuuuuuuuuuda! —decíamos los más pequeños del pueblo.

7. Información de Susa: ¿qué escribió el alcalde? La respuesta, en la última página de este capítulo, también.

RESPUESTAS DE LOS MENSAJES MISTERIOSOS

1. –¡Buenos días! –decía una señora que deseaba comprar en el supermercado.

–No entiendo. ¿Qué dice? –preguntaba la vendedora de la tienda.

–Sí, por favor, quiero un cuaderno de cien hojas, dos bolígrafos de color azul, un pastel de chocolate, una goma de borrar y un libro de ejercicios.

–¡No sé! Yo no sé qué dice usted –decía la tendera.

–Yo no comprendo tampoco. Tenemos problemas. Tenemos muy importantes problemas –se despedía la cliente.

2. «Queridos vecinos y vecinas: Escribo esta carta para deciros que no hay problemas. Todo está bajo control. No hay problemas.».

3. «Soy el alcalde de Sos. Necesitamos ayuda. Un doctor. Necesitamos un médico.».

Actividades:

con la lectura

Ya conoces un poco más **la magia de las palabras**, pero también su importancia. Si no sabemos escribir bien, hablar bien o leer bien, vamos a tener problemas para comprender a la gente. La única solución es **ser muy inteligente** o **ser un mago**. ¿Qué eres tú? Haz estos ejercicios para comprobarlo.

1. Aquí tienes un conjunto de palabras incompletas. ¿Sabes cuál es la sílaba necesaria?

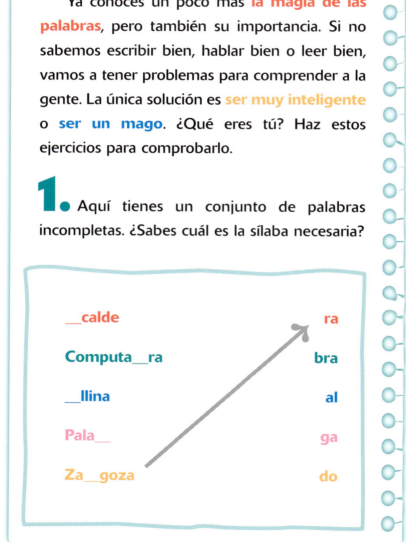

__calde	ra
Computa__ra	bra
__llina	al
Pala__	ga
Za__goza	do

2. Julio y todos nosotros jugábamos con el lenguaje. ¿**Quieres jugar** tú también? Ahora te presento palabras de nuestra historia que, aquí, no tienen su primera letra. ¿Conoces la escritura correcta?

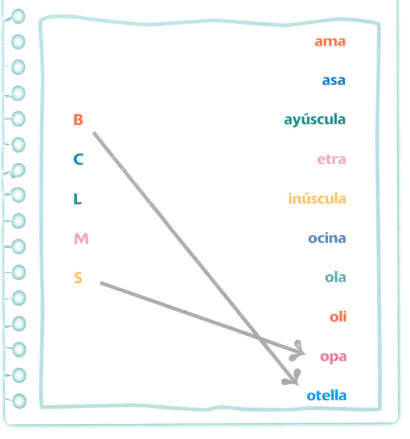

	ama
	asa
B	ayúscula
C	etra
L	inúscula
M	ocina
S	ola
	oli
	opa
	otella

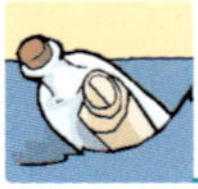

3. ¡Fantástico! En este ejercicio he cambiado las letras de lugar. ¿Puedes saber qué dice?

alleuqA ehcon led 12 ed oinuj, soñaelpmuc ed im ogima ésoJ leunaM, somartnocne a oiluJ yum oñartxe. abanimaC olos rop al ellac. somiuF sárted ed lé atsah us asac. íllA, edsed anu anatnev, somiv éuq aícah.

Aquella noche ....

....

....

....

....

....

....

....

....

....

....

....

Capítulo quinto, y final:
La magia de las palabras

Las letras. A. B. C. D. E. F. G. H. I. J. K. L. Las niñas y los niños supimos entonces que la importancia de las letras es grande. M. N. Ñ. O. P. Q. Queríamos toda clase de ayuda. R. Repetíamos una y otra vez que alguien solucionase el problema. S. Sabíamos que era difícil, pero no imposible. Y, por eso, comunicamos un SOS al mundo. Hicimos una llamada de ayuda para que todos nuestros mayores hablaran bien. Fue inútil. T. U. V. W. X. Y. Z.

—¡Las letras! —dijo Bernardo—. ¡El problema está en la sopa de letras! ¡Julio hizo una sopa mágica! ¡Las letras de la comida han causado problemas en las letras para que las personas mayores tuviesen un verdadero caos en la cabeza! Julio quería dar una lección a los mayores. ¡Las máquinas no son la solución!

—Sí, tenemos que encontrar una solución. **Es necesario que encontremos** una salida a esta situación, pero ¿cuál, cuál? Y ¿dónde, dónde? —dije yo.

—**¡El palacio! ¡El palacio!** ¡Allí tiene que estar la respuesta! —indicó Bernardo.

El palacio era un edificio muy antiguo. Las personas mayores pensaban que nadie vivía allí desde hacía muchos años. Era sucio y viejo. Era muy sucio. Las paredes tenían manchas de colores[8].

Y era muy viejo. Algunas personas creían que en él un viejo mago había escrito libros sobre la magia de las palabras. ¿Era un mago como Julio?

---

8. Información de Susa: ¿saben el nombre de estos colores? La solución, al final del capítulo.

Sí, el palacio podía ser una buena oportunidad. Posiblemente allí había un libro con las respuestas adecuadas. Bernardo y yo fuimos a buscar algo.

Aquella noche entramos en el palacio. Encendimos una linterna y empezamos a caminar por las oscuras habitaciones. Una primera habitación. Una segunda habitación. La luz de la linterna era nuestra única ayuda.

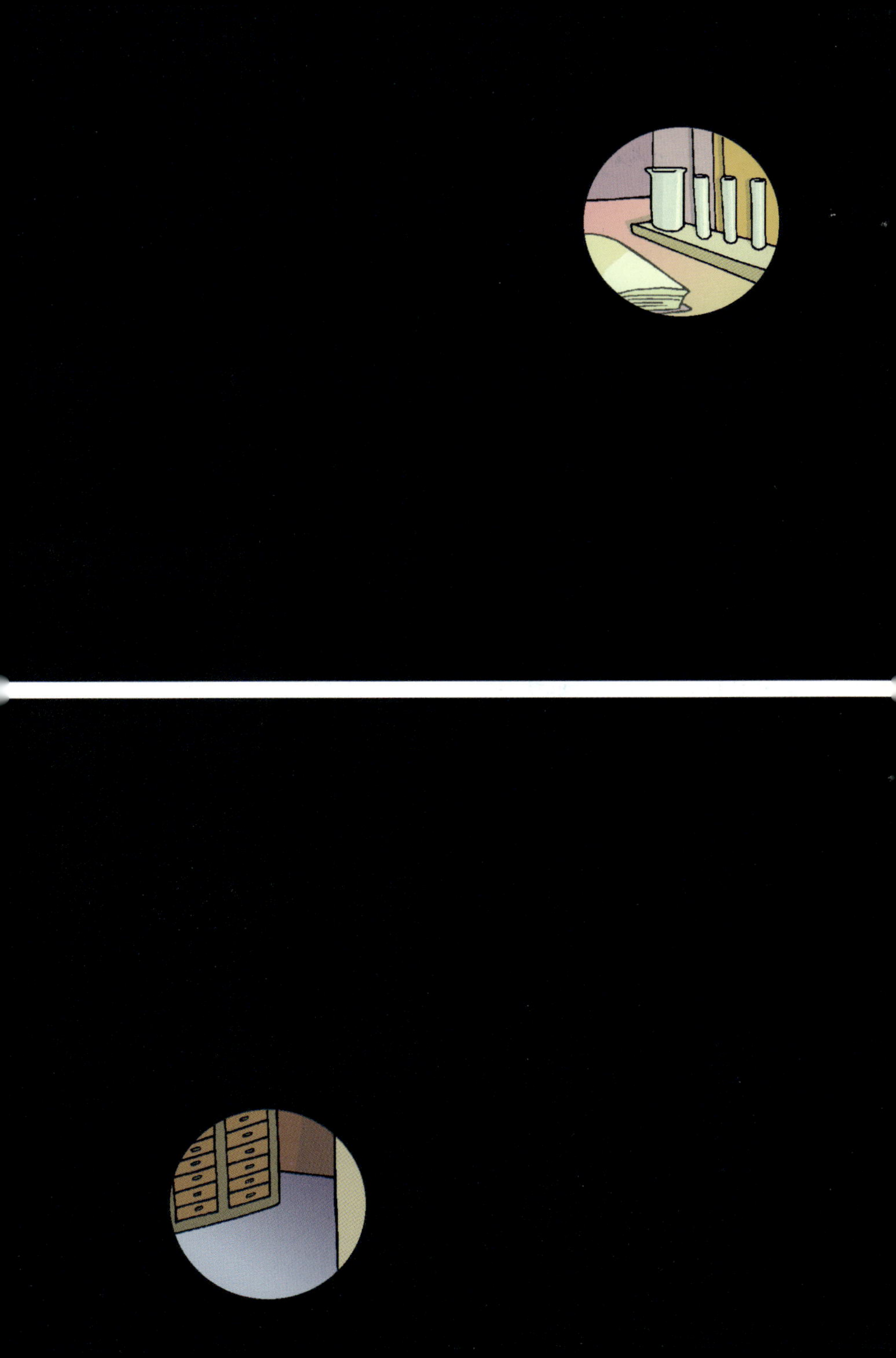

Al final encontramos la biblioteca. La sala tenía muchos libros. **Comenzamos a buscar**. Y nada. Nada. NADA. N. A. D. A.

Después de dos horas, oímos pasos en el piso superior. Tac. Toc. Tac. Toc. Teníamos miedo, mucho miedo. **¿Quién estaba allí?** Tac. Toc. Tac. Toc.

—¿Quién anda por ahí? —dije yo—. ¿Quién an-an-an-anda por por por ahí-hí-hí-hí?

Nada. Ninguna palabra. Y otra vez tac, toc, tac, toc. **Una figura negra y grande**, muy negra y muy grande, bajaba las escaleras.

—¡No, no, no! ¡Ayuda! ¡Socorro! ¡Aaaaaaaaaaaaaaaaaaaaaaaaaaaaaaaaaaa aaaaaaaaaaaaaaaaaaaaaaaaaaaaaaaaaaaa aaaaaaaaaaaaaaaaaaaaaaaaaaaaaaaaaaaa aaaaaaaaaaaaaaaaaaaaaaaaaaaaaaaaaaaa aaaaaaaaaaaaaaaaaaaaaaaaaaaaaaaaaaaa aaaaaaaaaaaaaaaaaaaaaaaaaaaaaaaaaaaa aaaaaaaaaaaaaaaaaaaaaaaaaaaaaaaaaaaa aaaaaaaaaaaaaaaaaaaaaaaaaaaaaaaaaaaa aaaaaaaaaaaaaaaaaaaaaaaaaaaaaaaaaaaa aaaaaaaaaaaaaaaaaaaaaaaaaaaaaaaaaaaa aaaaaaaaaaaaaaaaaaaaaaaaaaaaaaaaaaaa aaaaaaaaaaaaaaaaaaaaaaaaaaaaaaaaaaaa aaaaaaaaaaaaaaaaaaaaaaaaaaaaaaaaaaaa aaaaaaaaaaaaaaaaaaaaaaaaaaaaaaaaaaaa aaaaaaaaaaaaaaaaaaaaaaaaaaaaaaaaaaaa aaaaaaah! —gritamos Bernardo y yo.

—¡Hola, niños! **No se asusten**, por favor. Soy yo. **Julio**.

¡Era Julio! ¡Era Julio!

Julio traía muchos libros en la mano.

—¡Aquí está la solución! —dijo Julio—. Aquí, en estos libros, tienen la salida al problema.

—¡Leer, leer! La solución es leer. ¡Es verdad! En los libros está todo. En los libros hay muchas historias. Y las historias tienen orden, están organizadas. Si los mayores leen, ellos van a recuperar las palabras perdidas y ellos van a recuperar el orden correcto para escribir, para hablar. Es fundamental que ellos aprecien el valor de los libros. ¡Ojalá sea así! —dijo Bernardo.

—¡Gracias, Julio! ¡Muchas gracias! —dije yo.

Al día siguiente, todo fue un éxito. **Los pequeños hicimos ver a los mayores el valor de los libros**. **Y empezaron a leer**. A leer mucho. Y comenzaron a recuperar su lenguaje, el correcto uso de las palabras.

Dijimos quién nos había dado la solución, pero no descubrimos a Julio como el responsable del grave problema que habían sufrido. Ese iba a ser el secreto de nuestra vida. Los mayores entonces quisieron dar las gracias a Julio. Y Julio regresó.

— ¡Julio, perdón!

A partir de ese día la máquina también siguió en nuestra clase, pero sólo ayudaba cuando era conveniente. Todos estábamos muy contentos, incluso los mayores. **Ellos ya no eran gallinas**. Y, al final, ...[9]

---

9. Información de Susa: falta, al parecer, la última hoja de la historia. Tal vez en ella Martín escribiera más detalles de Julio, Bernardo,... y se despidiera. De todas formas, también éste es un buen final.

COLORES SECRETOS

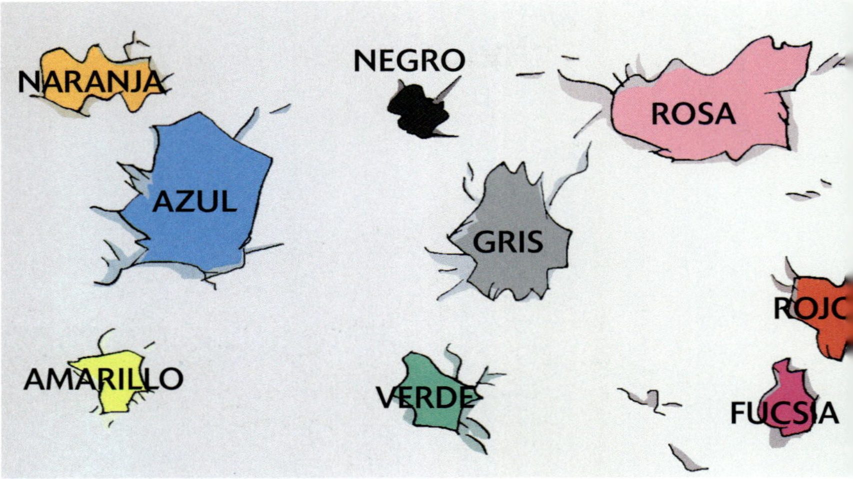

Actividades:
después de la lectura

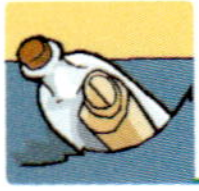

La historia terminó bien. Tuvo un final feliz. Todos acogimos otra vez a **Julio Cortázar**. Fue un recibimiento fantástico. Las personas mayores descubrieron, por fin, el verdadero valor de los libros, … y de las letras.

1. Saber los secretos de las letras fue fundamental para todos. ¿Puedes descubrir qué mensaje secreto hay tras estos números?

A → (01)	H → (08)	Ñ → (15)	U → (22)
B → (02)	I → (09)	O → (16)	V → (23)
C → (03)	J → (10)	P → (17)	W → (24)
D → (04)	K → (11)	Q → (18)	X → (25)
E → (05)	L → (12)	R → (19)	Y → (26)
F → (06)	M → (13)	S → (20)	Z → (27)
G → (07)	N → (14)	T → (21)	

12 16 20   13 01 26 16 19 05 20

04 05 20 03 22 02 19 09 05 19 16 14

18 22 05   12 16 20   12 09 02 19 16 20

20 16 14   21 01 13 02 09 05 14

13 22 26   09 13 17 16 19 21 01 14 21 05 20

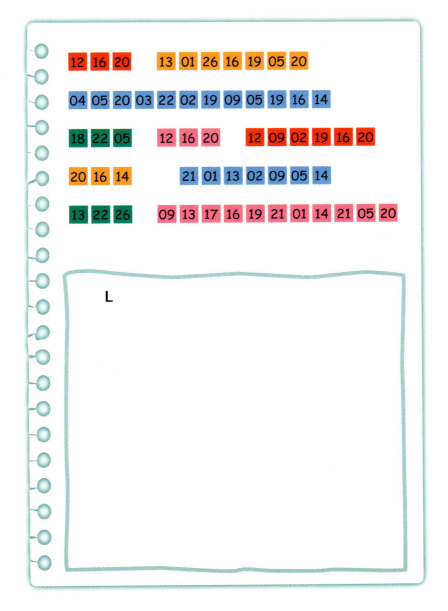

L

2 y 3. Y finalmente. ¿Verdadero o falso?

- azogaraZ se anu daduic ed aicnraF.

  ☐ **V** ☐ **F**

- oiluJ razátroC se roserpmi.

  ☐ **V** ☐ **F**

- saL sanosrep seroyam naíreferp sám, ne nu oicini, a oiluJ razátroC euq a al aniuqám.

  ☐ **V** ☐ **F**

- Z Y X W V U T S R Q P O N M L K J I H G F E D C B A nos sadot sal sartel led otebafla loñapse.

  ☐ **V** ☐ **F**

- aL apos ed sartel aínet salucsúyam y salucsúnim.

  ☐ **V** ☐ **F**

Carta en una botella

Solucionario

Actividades:

antes de la lectura

1.

Bogotá
Buenos Aires
Caracas
La Habana
Lima
Madrid
México
Santiago

2. Esta historia es mágica. Es el relato de una aventura extraña e increíble que ocurrió hace años en un pueblo. Fue un acontecimiento lleno de fantasía e ilusión,... pero también de miedo. Miedo y nerviosismo para todos los habitantes del pueblo.

3. Julio Cortázar era una buena persona. Era alto, muy alto. Era grande, muy grande. En ese tiempo llevaba barba, bigote y gafas. Era viejo y no era viejo. Me explico. Él tenía muchos años. Él era mayor que mi padre, ¡y mi padre era muy mayor!; pero Julio parecía una persona joven.

4.

calcetin	bufanda	blusa
abrigo	cazadora	camiseta
camisa	calzoncillo	pijama
paraguas	pañuelo	pantalón
jersey	guante	gorra
falda	corbata	cinturón
chaqueta	chaleco	zapato
vestido	sombrero	sandalia

Actividades:
con la lectura

1. Alcalde
Computadora
Gallina
Palabra
Zaragoza

2. Bola
Boli
Botella
Cama
Casa
Cocina
Letra
Mayúscula
Minúscula
Sopa

3.

Aquella noche del 21 de junio, cumpleaños de mi amigo José Manuel, encontramos a Julio muy extraño. Caminaba sólo por la calle. Fuimos detrás de él hasta su casa. Allí, desde una ventana, vimos qué hacia.

Actividades:
después de la lectura

1.

L O S   M A Y O R E S

D E S C U B R I E R O N

Q U E   L O S   L I B R O S

S O N   T A M B I É N

M U Y   I M P O R T A N T E S

2 y 3.

- Zaragoza es una ciudad de Francia. **F**
- Julio Cortázar es impresor. **V**
- Las personas mayores preferían más, en un inicio, a Julio Cortázar que a la máquina. **V**
- A B C D E F G H I J K L M N O P Q R S T U V W X Y Z son todas las letras del alfabeto español. **V**
- La sopa de letras tenía mayúsculas y minúsculas. **V**